Amour Sucré

Nerisha Yanee Dewoo

Langaa Research & Publishing CIG
Mankon, Bamenda

Publisher:
Langaa RPCIG
Langaa Research & Publishing Common Initiative Group
P.O. Box 902 Mankon
Bamenda
North West Region
Cameroon
Langaagrp@gmail.com
www.langaa-rpcig.net

Distributed in and outside N. America by African Books Collective
orders@africanbookscollective.com
www.africanbookcollective.com

ISBN: 9956-791-87-3

© Nerisha Yanee Dewoo 2014

DISCLAIMER
All views expressed in this publication are those of the author and do not necessarily reflect the views of Langaa RPCIG.

Remerciements

Je tiens à adresser mes remerciements au Professeur Francis Nyamnjoh, sans qui ce livre n'aurait jamais été.

Merci, Professeur, de m'avoir fait confiance! C'est un immense honneur que vous m'avez fait en me laissant la grande liberté de mettre mes modestes mots sur papier. J'espère avoir été à la hauteur.

Table des Matières

Introduction v

Madame au Chêne 1
Solitude, mon Amie 3
Désir 4
Amort 5
Dodo Baba 6
Acacia Blanc, Acacia Noir 7
Perle de Mer, Larme de Terre 8
Le Chant du Crapeau 9
L'été Coquelicot 10
Le Double 11
La Colombe 12
Espoir 13
Virginie Marche Vers Toi 14
Cimetière des Innocents 15
Le Lièvre 16
La Nuit est Tombée 17
Je Saurai Etre 18
La Vendeuse de Rêves 19
Lointain Fardeau 20
Ce Qu'il y a de Beau dans la Mort 21
Paradis Maudit 22
Fille de ma Fille 23
La Pluie sur son Corps 24
Marron 25

Introduction

J'écris dans les montagnes. J'entends la brise douce et calme. Les rivières suivent leur chemin et la vie bat son plein. J'écris l'amour dans ce beau sable de nos plages, avec les galets qui surplombent nos ruisseaux. J'écris à l'aide des feuilles de manguiers…

J'écris ce que les miens ne semblent désirer. Parce que mon monde en a décidé ainsi et pas autrement, hommes et femmes marchent main dans la main sans y penser.

J'écris pour lever le voile sur cet amour mal-aimé…

Madame au Chêne

Madame au Chêne, vieille folle mal-aimée, douce et charmante illuminée, était magique, toujours le soir, surtout en novembre. Pauvre étourdie, lourde et salie, seule dans le noir, elle s'accroupit une nuit comme tout autre jour, à la lumière d'une bougie. Elle murmura son chant toute la nuit, peinée et ravissante, et quand de sombres nuages finirent par cacher la lune et que tous chats s'étaient finalement endormis, elle cria au village, envoûtant tous ceux qui étaient réveillés.

Jeune Jean, gens qui jeûne, à qui le sommeil ne venait en cette froide nuit d'été, entendit la chanson de Madame au Chêne, et tomba immédiatement sous son charme, comme la cane succombant à son sabre, avec fougue et sans effort. Il se leva de son lit, marcha vers le noir, là où nul n'avait auparavant eu la chaleur de vaguer, sur une rue toute fine et une aire salée.

Au loin, il vit ses cheveux ébène, ses lèvres roses et ses joues moroses. Et ce fût magique lorsque leurs regards se croisèrent. C'était comme si toutes les étoiles qui étaient dans les cieux ne pouvaient faire le poids contre leurs yeux luisants de bonheur. L'un comme l'autre savait qu'ils seraient âmes sœurs à jamais.

Comme des pirates ils vogueraient sur l'océan, avides d'aventures. Leur quête serait périlleuse sans l'ombre d'un doute mais leur amour, symbole de leur bravoure, allait contrer vents et marées. Même les ruses si machiavéliques de Satan paraitraient impuissantes contre cette force qu'ils avaient, unis! Oh oui !!! Ils seraient indestructibles.

Amoureux, braves désenchantés enchantés, ils seraient longtemps les maîtres à bord d'une galère ensorcelée, sans avoir à se soucier des petites vagues qui feraient virevolter leur pente. Madame au Chêne en était sûre : petite sirène, douce fée, il l'aimerait pendant des années malgré ses chaines. Et elle deviendrait reine aux côtés de son bien-aimé.

Mais le cataclysme vint un jour, au jour, ennemi de l'amour. Ce fut l'anéantissement absolu !!! Un cri dans la nuit, un écho de malheur annonça les miettes de leur abri précieux. La légèreté de la vague qui autrefois possédait la puissance de la brise effleura malencontreusement la peau de Jean et se transforma en une gigantesque tempête. Elle engloutit la belle galère que nos deux tourtereaux avaient pendant longtemps souffert.

Madame au Chêne s'en sortit, ordonnant à la tempête de ne pas l'avaler. Elle avait trop encore à faire, trop de choses à planifier !!! Mais pauvre Jean !! Oh pauvre Jean, qui à flot, à bord, à bâbord, trop léger, pas assez fort fut, malgré les cris de Madame au Chêne, englouti par la vague et le vent. Madame au Chêne, Madame en chaine, Madame Eugène, cette vieille sorcière !!! Jeune Jean à jamais perdu dans la vague qui fut auparavant la source de son aventure, doux gouffre de son amour… sa mort, éphémère.

Solitude, mon Amie

Noyée dans l'amertume, amitié délaissée, elle sent la vie s'en aller
Maintes fois a-t-elle cherché dans le noir désespérant une perche, une lumière, un miracle
Mais nul ne s'y est jamais aventuré, pas un seul enchanteur
Sur ce chemin qui fût autrefois plein de fraises des champs, il ne reste aujourd'hui plus qu'un lieu sombre et abandonné
Les pieds sur l'eau et l'or l'ont amené à la fin de sa quête pour trouver ne serait-ce que la paille d'été
Le ciel parsemé d'étoiles solitaires est finalement devenu son allié
Elle court désormais les augures tristes et les symphonies d'auteurs
Dans la solitude, son amie, son âme sœur

Désir

Quand le Divin tir
Etire
Et empêche de partir

La Myrrhe de Caïn
Sans refrain
Laisse le bruit sur sa faim

Et le Martyre, indigent meurtri
Sans cris
Disparaît dans l'oubli

Amort

Bonsoir à toi pétale de capucine
Toi si fraîche, décolorée à peine
Par l'amour qui te coule dans les veines

Bonsoir à toi qui as connu trop de peines
Toi qui fus un été reine,
Une rouge couronne à jamais sereine

Bonsoir à toi qui fut trop souvent à la traine
Toi qui danses une dernière fois sur cette rengaine
Maîtresse de cette terre jadis hyperboréenne

Dodo Baba[1]

Dodo Baba
Fais dodo
T'auras du gâteau

Dodo Baba
Dans ton berceau
En morceaux

Dodo Baba
Je ne te voulais pas Roméo
Pauvre Baba destiné à Thanatos

Dodo Baba
Tu ne seras jamais héros
Dodo…Que le rêve t'emporte loin de ce chaos

---

[1] Mot en Créole Mauricien signifiant 'bébé'

Acacia Blanc, Acacia Noir

Vole, dance et virevolte doux acacia
Sans regret, ni peine
Blanc ou noir
À jamais mien
Même sans soleil tu es lumière
Sans nuage tu es pluie
Et sans moi tu vis
Tu existes, tu cries, chantes, pleures, vis et souris
Ainsi va la vie : vite et sans frein!

Perle de Mer, Larme de Terre

Je suis une perle
Une pierre cachée
Une main posée
Une histoire subjuguée
Une chanson d'espoir
De la poussière de fée

Je suis une perle
Un ciel étoilé
Un conte parfait
Un héros glorifié
Une perle de mer
Une larme de terre

Le Chant du Crapeau

Chante Crapeau
Chante ton air si doux
Chante les gouttes qui ruisellent
Chante la peur et la douleur
Chante la main posée sur la poitrine
Chante la balle qui pénètre, rapide
Chante la beauté de mon jardin
Chante le venin qui nous inspire
Chante le mythe affligé
Chante beau Crapeau
Chante comme l'on t'a tué

L'été Coquelicot

Auprès d'une croix
Fascinante idylle
Deux tourtereaux
Et un avenir heureux
Une vie d'honneur
Yeux de malheur
Un petit doigt chanceux
Le rouge surprend l'océan bleu
Un coquelicot mauve
Un chant de coeur
A tort le ciel
A mort !!! A Paul et son coquelicot

Le Double

Le tournesol se tourne vers son double,
Un doux carnassier,
Le seul être qu'il ne veut peiner

Le double accroché à son sort lui sourit,
Il n'aime pas vraiment le tournesol,
Il ne le désire que pour jouer

Tendre malgré tout à la nuit de son double,
Le tournesol boit d'un grand coquillage galant
Planant le sommet de l'arcade

Le double prie au vent pour qu'enfin le tournesol se retourne,
Murmurant un profane couplet
Dans lequel le tournesol est absent

Le tournesol, bien qu'ignoré, drape son double d'une cape de lune
Il l'aime toujours loin du soleil,
Cet astre lié au ciel par une folle destinée

La Colombe

Blanche Colombe
Comble des catacombes
Viens je te prie
Je t'en supplie
Oublie les promesses
Qui ne sont que restrictions
Fais tes bagages
Et libère ta cage

Blanche Colombe
Comble des catacombes
Viens je te prie
Je t'en supplie
Envole-toi avec moi
Fais de moi ta proie
Je te permets de me posséder
Je te promets de ne jamais chercher à me dégager

Blanche Colombe
Comble des catacombes
Viens je te prie
Caprice de mes rêves et de mes nuits
Noir de ma vie
Fines ailes meurtries
Dresse ta tête et emmène-moi
Là où sont tombées les tombes

Espoir

Entends-tu le Dhrupad triste
Vois-tu cette âme mourante
Aperçois-tu cette nostalgie désespérante
Comprends-tu cette dame aimante
Sens-tu cette envie fulgurante
Répondras-tu à ce penchant grandissant ?

Virginie Marche Vers Toi

Moi Virginie, je marche vers toi,
Sereine comme une madeleine, ma mère veuve
Je t'attends non sans déveine

Tes yeux éblouissants m'entrainent, doux Paul
Tes larmes sont gentilles
Tes mains me retiennent

Pourtant, tu n'es là qu'à demi
Mais je marche toujours vers toi
Désireuse, envieuse des fleurs et des arènes

Parfois heureuse, fille de la Tour
Avec un cœur à la merci
Je t'attends non sans peine

Cimetière des Innocents

D'un ancien désordre sans monument
La fauche lui avait appris à ne pas creuser des fosses
Et à ne pas cacher à son père où il voulait se pendre

Le froid lui avait redonné l'envie de vivre
L'avait laissé poursuivre le chemin, libre
Il se sentait nouveau, ivre d'un bonheur à surprendre

Le champ l'avait finalement rendu tendre
Incliné au calice, doux consolateur,
Oui ! Une passion à défendre

Les murs de pierre le laissaient un instant sans méandre
Sans se méprendre, d'un avenir à suspendre
D'une vie à prendre

Le Lièvre

Le sage lièvre
Traqueur traqué
Voleur volé
Gambadant, malmené
Guettant, malmenant
Montres et vidoirs
Malin lutin
Sans perdre espoir
Espérait un dieu
Une trace à croire
Fragile cœur
Étincelant pour un moment

La Nuit est Tombée

Le silence bruyant
La science d'un cri

Des yeux humides
Une pluie aigrie

Je Saurai Etre

Bel enfant
Je te promets
Aucun souci
Je saurai être ton ami
Ton ennemi
To *ti peg*[2]
To *ti pake pistass*[3]
To *ti sigaret*[4] au coin de tes lèvres
Je saurai te maîtriser
Je saurai te laisser ton laisser-aller
Je saurai être cet être aux milles facettes
Si seulement tu pouvais le vouloir
Me voir

---

[2] Expression en Créole Mauricien signifiant 'grog d'alcool'

[3] Expression en Créole Mauricien signifiant 'petit sachet de pistaches'

[4] Expression en Créole Mauricien signifiant 'petite cigarette'

La Vendeuse de Rêves

Drapée de beaux pagnes
Unique sur la terre des hommes
Lionne fée
Belle de bonté
Certes magicienne
Loin des yeux curieux
Une langue au goût d'agneau
Elle vague dans son bateau
Porte bonheur
Enchantant tout cœur
Marchande de bonheur
Vendeuse de rêves
Méchante ardeur

Lointain Fardeau

Il pleure dans la nuit, dans l'ombre, lorsque tous les volets sont fermés et les portes cadenassées et bien scellées pour empêcher le malheur
Il pleure lorsque les rideaux sont tirés afin de ne pas voir les mystères du ciel
Il pleure lorsque tous dorment afin de n'éveiller aucun soupçon
Il pleure aujourd'hui, comme il a pleuré hier et comme il pleurera demain sous ce même ciel, qu'il soit étoilé ou gris…peu importe la différence…
Il pleure dans son lit, loin des regards, loin des curieux, loin des ennemis, loin des amis
Il pleure seul car personne, oh non, personne ne doit l'entendre
Il pleure parce que personne ne veut l'entendre
Il pleure seul la nuit
Il pleure dans l'herbe et dans les chants
Il pleure invisible loin du pays aimé

Ce Qu'il y a de Beau dans la Mort

Ce qu'il y a de beau dans la mort
Si ce ne sont les pleurs éphémères
C'est que l'on ne ressent plus rien
Sur la cadence de l'enfer

Paradis Maudit

Peuple mélangé

Malheureux prisonniers de ce monde

Obligés de s'aimer loin des regards indiscrets

Qui jugeraient si facilement leur vie immonde

Par un beau matin d'hiver

Forcés à d'autres, les anges ont abandonné l'arc-en-ciel

Pour ne plus pleurer

Et enfin être libres d'aimer, sucrés, comme le miel

Fille de ma Fille

Le monstre a choisi

Pour l'honneur de sa famille

D'accueillir la fille sa fille

Par un baiser vermeil

Afin que les autres ne soient de ce drame

A la mauricienne, un drame au soleil

La Pluie sur son Corps

Si seulement on s'était attardé
Sur ce corps perdu
Cette âme à chérir
L'on aurait pu éviter
Comme l'annonçait le *kourpa*[5]
Que cet homme abandonné et son sac troué
Ne se soient noyés
Dans la douce mélodie de l'amitié

---

[5] Mot en Créole Mauricien signifiant 'escargot'

Marron

Tantôt bûcheron, tantôt maçon ou jardinier
Le marron est singe à tout faire
Il travaille pour gagner son pain
Sans jamais geindre
Remerciant son seigneur pour ce qu'il a
Bien que sa couleur ne cesse de faire ravage
Le marron, esclave d'esclave
Reste objet
Un homme qui ne peut exaucer

www.ingramcontent.com/pod-product-compliance
Lightning Source LLC
Chambersburg PA
CBHW011947150426
43193CB00019B/2931